(Endgültiger Titel dieses Buches. – Bitte ausfüllen.)

Mein Schreibbuch

So fülle ich meine Seiten

Autor

....

Von... bis ....
(Datum)

Herzlich willkommen zu deinem Schreibbuch!
Dieses Buch bietet dir viele Möglichkeiten.

Hier habe ich dir einige davon notiert:

Du hast noch kein eigenes Buch veröffentlicht:
Dann verhilft dir das Schreibbuch zur Manifestation deines eigenen Buches. Du weißt ja – wie im Außen so im Inneren. ☺ Das Schreibbuch hat den Vorteil, dass es schon gebunden ist, du brauchst es jetzt nur mehr mit Inhalt füllen. Sogar das Inhaltsverzeichnis habe ich dir angelegt. Es wartet auf deine Ideen.
Bist du mit diesem deinem ersten Buch fertig, ist das Eis gebrochen und du kannst weitere schreiben und veröffentlichen. Außerdem kannst du es ins Regal stellen, um deine eigene Buchreihe zu gründen. Visualisierung in natura, sozusagen.

Zusätzlich habe ich dir ein neues Cover vorbereitet. Ein leeres, das du für dich und dein Buch selber beschriften kannst. **Hole es dir gerne unter diesem Link**: https://www.laspas.at/schreibbuch.pdf

Du hast schon ein eigenes Buch veröffentlicht?
Dann möge dir dieses Buch dazu dienen, ein weiteres zu entwerfen und deine Ideen auf einem schönen Ort zusammenzutragen. Da es schon gebunden ist, dient es auch dir der Visualisierung.

Weitere Verwendungsmöglichkeiten:
Notizbuch, Traumbuch, Arbeit an mir selbst-Buch, Ideenbuch, Rezeptbuch, Gartenbuch, Reisetagebuch, Reflexionsbuch, Affirmationsbuch, Gedankenbuch, Gedichtsammlung, Motivationssammlung, …
… und natürlich zum Verschenken für einen lieben Menschen!

Viel Freude damit!
Deine Eva Laspas

1. Auflage
© 2018 Verlag Laspas, Wien - www.laspas.at
Alle Rechte vorbehalten.
Umschlaggestaltung: Verena Sati, www.verenasati.de
Layout: Eva Laspas
Grafiken: rebeccaread, ajale, artsybee
Coverfoto: ractapopulous, pixabay.com
ISBN 978-3-9504213-9-2

Inhalt

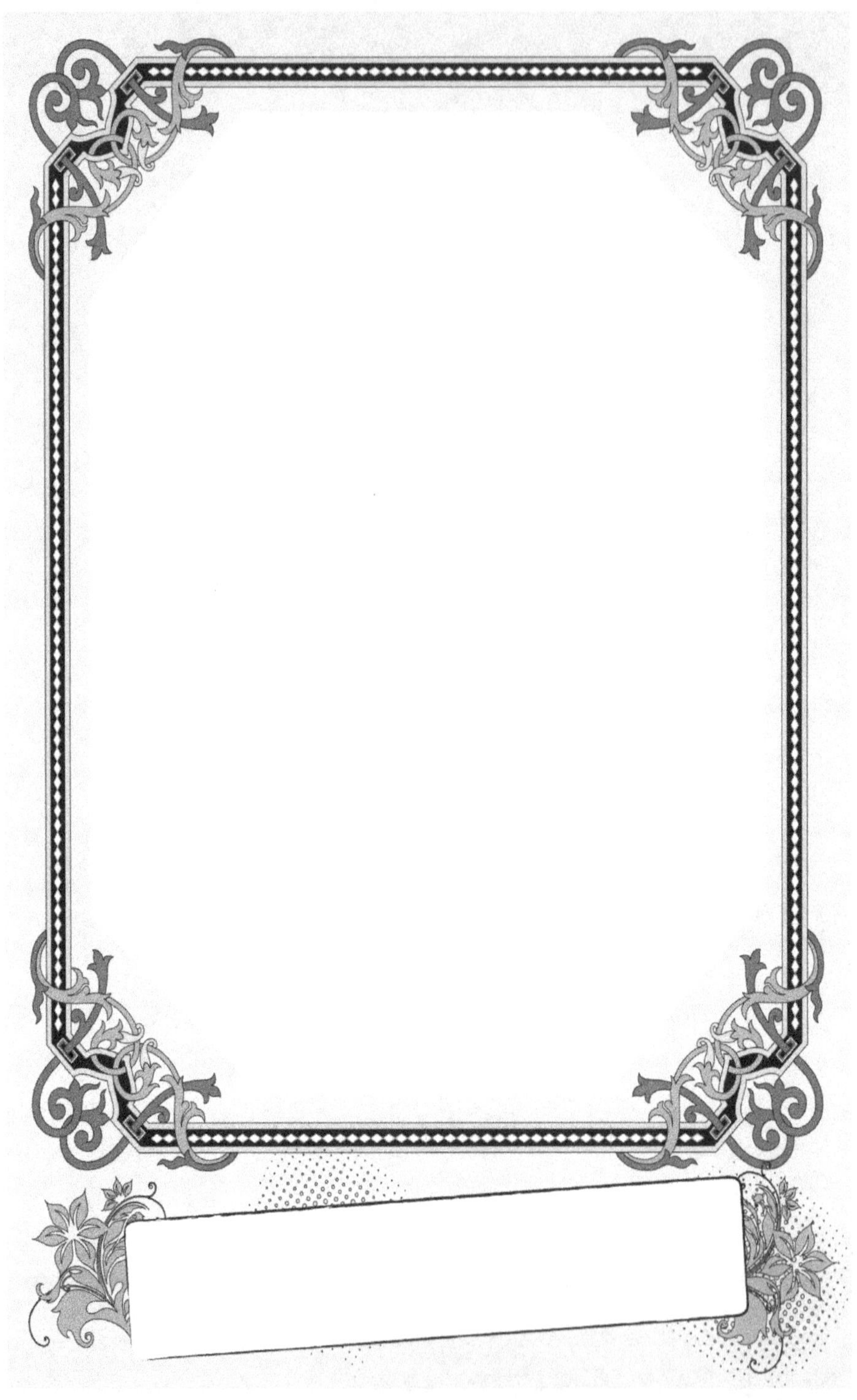

9 783950 421392